［力をひきだす、学びかたドリル］**❶**

「書く」からはじめる

せん、すうじ・かず

監修 河野 俊一（エルベテーク代表）

JN064707

制作 特定非営利活動法人 教育を軸に子どもの成長を考えるフォーラム
Japanese Association for Education-centered Childhood Development

教え方によって子どもは
大きく変わります。
親も子どもも手応えを！

こうして誕生しました

この学習ドリルシリーズは、幼児から高校生までの指導を25年間続けている教育機関・エルベテークの指導法（＊エルベメソッド）に基づき、実際に教室で使用している教材をドリル形式に編集したものです。

実践的なこの学習ドリルの役割とは？

学習は知識の習得だけではありません。「できた、できなかった」に一喜一憂するものでもありません。

何をどのように学んでいくのかを子ども自身が教わり身につけていく行為である……、そんな考え方がこのドリルの根底にあります。

ドリルの学習を通して、子どもたちがルールや約束事、手順を理解し、大切な「受け入れる姿勢」「教わる姿勢」を身につけ、自分の気持ちと行動をコントロールできるようになることをめざします。

教え学ぶ親と子の関係が
すべての成長の始まり

そして、正しいやり方を知り手順を身につけることによって成長の土台がつくられ、自信や見通しをもてるようになるのではないでしょうか。

教え学ぶ親と子の関係はすべての子どもにとって大切なものだと思います。

「見る、聞く、話す、読む、書く」練習を通し、子どもたちが学び成長するためのスタートラインに立てるよう、まず、家庭の中でしっかり支えていきましょう。

エルベメソッド

「まずしっかり見る、聞く姿勢を育てることが最優先」「関心のない物事に対しても注意を向けることができる姿勢づくり」など12項の具体的な教育方針と指導目標を掲げ、学習を通して子どもの成長をめざす指導法。

特徴は、「発達上の遅れを抱える子どももそうでない子どもも、身につけさせたい力は同じである。そして、その接し方・教え方、指導の仕方も原則は同じである」という考え方と、25年間の豊富な事例・実績に基づく実践。

［力をひきだす、学びかたドリル］❶

「書く」からはじめる
せん、すうじ・かず

目　次

せん

すうじ・かず

すうじ・かず の まとめ

本書は、強度・粘着性・柔軟性に優れた PUR 糊を使用した「PUR 製本」です。
通常の「無線綴じ製本」より丈夫で、ページが開きやすいのが特徴です。

ドリルの目的

筆記する力とは、応じたり受け入れたり、ルールや手順を身につける力。その力が土台となり、基礎学力の定着と物事に根気よく取り組む姿勢を育てることにつながります。

ところが、いま、子どもたちの「筆記する力」が低下しています。「書くのが苦手、書けない子ども、書くのを面倒くさがる子どもが多い」……、そんな声が学校の先生方からもよく聞かれます。エルベテークのアメリカ教室からも同様の指摘があります。

これは、幼児期から軟らかすぎる鉛筆やクレヨンなどを使い、「書く楽しさ」を強調するいっぽうで、筆圧や鉛筆の持ち方、書く姿勢を育てることがおろそかになっている結果のように思われます。小学生の筆記の力が低下し、ひいては学力や根気強さにも大きく影響しているように思います。今後、タブレットの普及で、書く時間がよりいっそう少なくなっていくのではないかと懸念されます。このドリルの目的を念頭に意識的に学ばせる、そんな態度がいまこそ私たち大人や親に求められているのではないでしょうか。

まず、このドリルで成果を上げるための4つのポイントを実践してください。そして、迷った時に読み返すなどして、何度も再確認していただければ幸いです。

お互いが目を合わせて丁寧に伝え合う時間をつくりましょう

数を知り、筆記することだけが目的ではありません。向かい合って挨拶をする、穏やかな口調で伝え、気持ちの良い返事をする……。

このように、「受け入れる姿勢」や「応じる姿勢」を大切にしながら、親と子が1対1のコミュニケーションをつくり上げていく、これがこのドリル学習の目的であり、効果的なポイントです。

「見る、聞く、話す、読む、書く」……多角的なアプローチを試みましょう

いきなり書くのではなく、鉛筆の持ちかた・手の添え方、筆記時の姿勢から練習させましょう。指でなぞらせたり、選ばせたり、読ませたりなどの工夫も取り入れてみると、効果が上がります。

次第に、子どもは「物事にはルールや手順があること」をごく自然な流れの中で学んでいくことになります。

練習の基本は「一本の線から」

このドリルには線の練習がたくさんあります。始点と終点を守り、一本の線となぞりを丁寧に書くことはとても大切です。

数字は形を模倣しやすく、練習の導入としておすすめです。筆記の基本を学び、きれいで正確な文字（ひらがな、漢字など）への足がかりをつくりましょう。

必要なのは、「繰り返し」という根気です

最初から多くを望むと、焦ったり、急ぎ足になったりします。少しずつ、繰り返し練習する、この気持ちが大切です。できないところを少しずつ練習させ、学習量を増やしていきましょう。親にも「根気」が求められます。

「根気よく取り組む習慣」は一生の宝物です。好きなようにやりがちな子どもでも次第に自分でどうすべきかを考え、気持ちをコントロールするようになります。

練習に向かう3つの準備

このドリルでは、一本の線を書く練習から数字を書く練習、数を理解する練習へとつなげます。

窮屈そうに鉛筆を持つ、視点がふらついて線がまっすぐ書けない、形がとらえられずに数字がきれいに書けない、数字は書けるのに数の意味がわからない……そんな子どもの課題を、学習を通して少しずつ改めていきます。

｜

• • • • •

対面で座り、背筋を伸ばします

話を聞くとき、返事をするときは、視線を合わせているかどうかを必ず確認しましょう。

椅子に座るときは、背筋を伸ばして、手は膝の上に置くように教えましょう。

小さい子どもの場合は、ベビーチェアを利用したらいいでしょう。

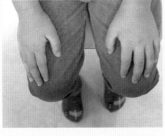

2 セットで覚えたいこと
親子のコミュニケーション

あいさつ

はじめは、あいさつの練習から。
家庭であいさつの習慣を身につけると、必要なときに自ら丁寧なあいさつができるようになります。

(はじめます) (はい)

返事

子どもにしてほしいことは、目を見て丁寧に伝えましょう。そして、目を見て「はい」と返事をするように促してください。
親子ともに穏やかな気持ちになることでしょう。

(鉛筆を持ってください) (はい)

報告

書き終えたら、「できました」と子どもから報告する練習をしましょう。その時も、目を見て、伝えるようにしましょう。

(できました) (いいですよ)

3 正しい筆記姿勢と鉛筆の持ち方

鉛筆は学習の大切な道具です。正しい持ち方を繰り返し教えましょう。

紙を別の手でしっかり押さえます（上半身を支える役目もあります）。

消しゴムの使い方は、親指と人差し指を開き、その間に消したい場所をもってくるようにします。適切な筆圧で書くには、芯が軟らかすぎない 2B の鉛筆あたりから始めるとよいでしょう。

一人で書くことが難しいときには、手を添えてあげましょう。

始点を示してあげる

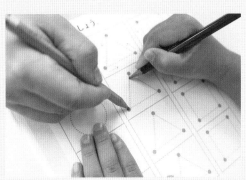

通過する点を示してあげる

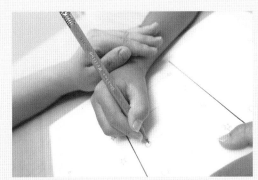

手首が浮かないように押さえてあげる

線がぶれないように鉛筆を押さえてあげる

消したい場所を親指と人差し指で押さえ、
消しゴムで消す

7

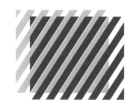

使い方ガイド

▶ ドリルのアドバイスを参考に実践してみてください

地道な学習への取り組みが生活習慣や物事をやり遂げる力として定着します。
どこに注意を払えばよいのか、子どもへの対応の仕方などのワンポイントアドバイスを、迷った時の参考にしてください。

▶「してはいけないこと」は制止し、正しいやり方を教えましょう

たとえば、始点の●に鉛筆を置かずに書こうとする時には、見過ごさずに「違います」と言ってやり直させてください。間違っていることはそのつど注意し、正しくやりとげるよう見届けることが大事です。

間違っているやり方は、写真を参考にしながらそのつど直していきましょう。

保護者が教える時のポイントや注意点をページごとに掲載しています。参考にしてください。

最初から正しい教え方を取り入れましょう。

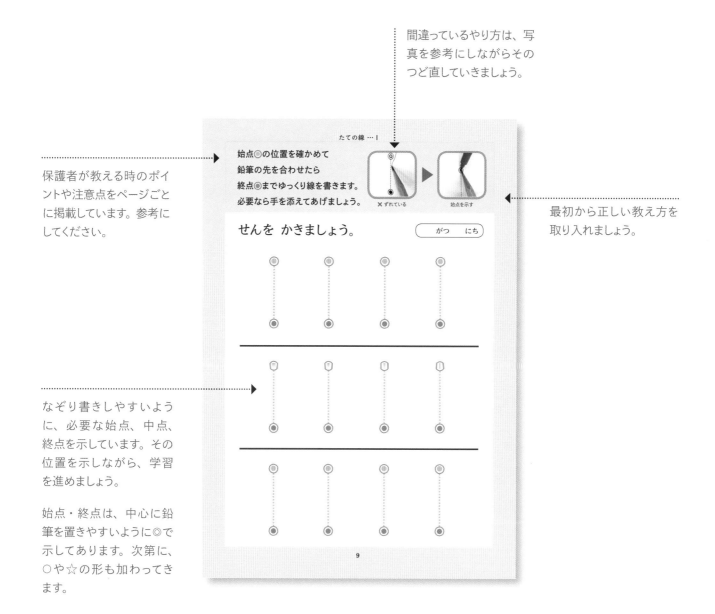

なぞり書きしやすいように、必要な始点、中点、終点を示しています。その位置を示しながら、学習を進めましょう。

始点・終点は、中心に鉛筆を置きやすいように◎で示してあります。次第に、○や☆の形も加わってきます。

始点◎の位置を確かめて
鉛筆の先を合わせたら
終点◎までゆっくり線を書きます。
必要なら手を添えてあげましょう。

×ずれている　　　　始点を示す

せんを　かきましょう。

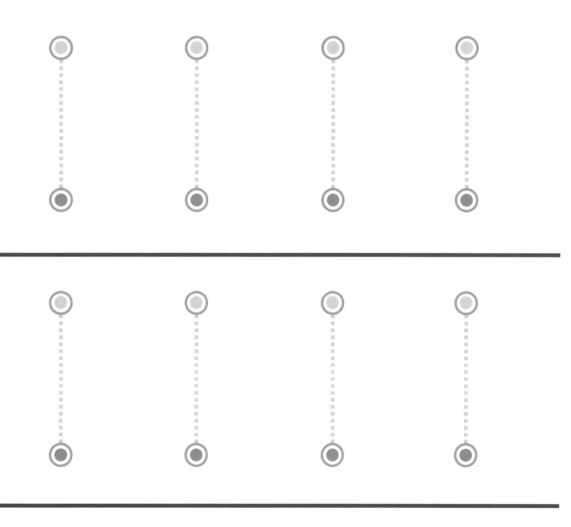

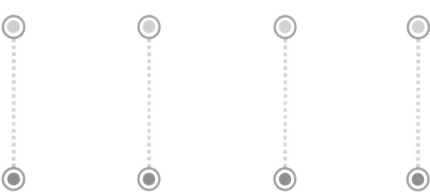

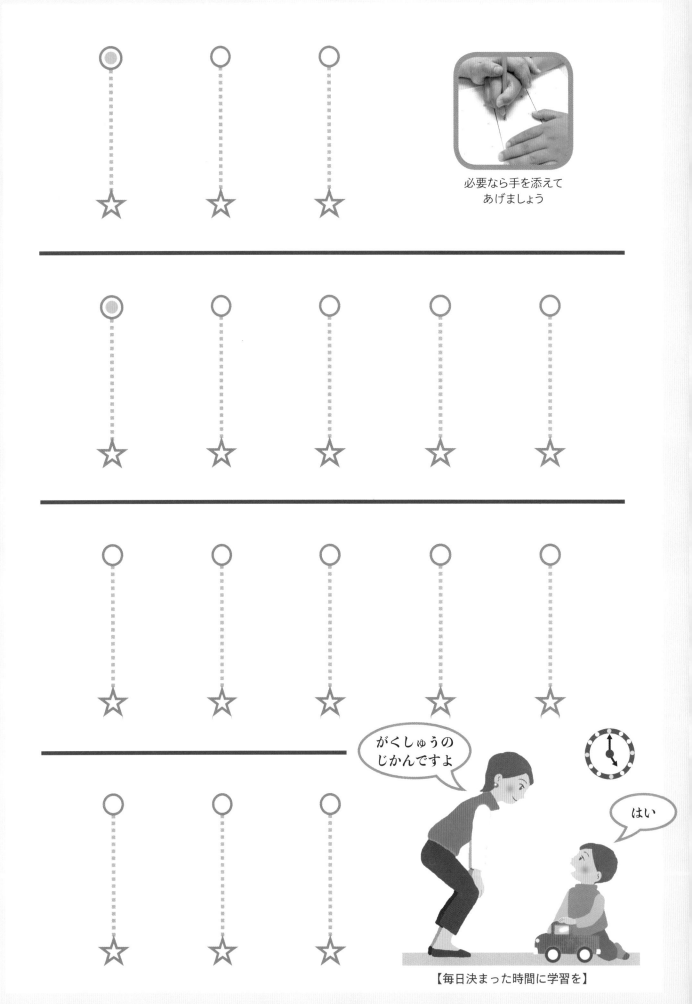

必要なら手を添えて
あげましょう

がくしゅうの
じかんですよ

はい

【毎日決まった時間に学習を】

線を引いているあいだ、
終点まで視線がそれないように
しましょう。子どもの視線を
何度も確認してください。

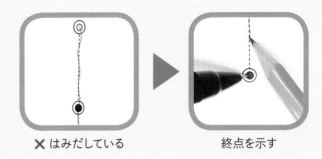

× はみだしている　　　　　終点を示す

せんを かきましょう。

がつ　　にち

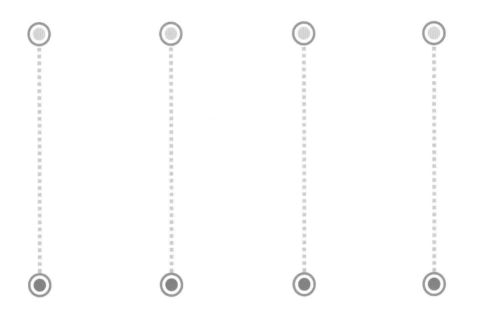

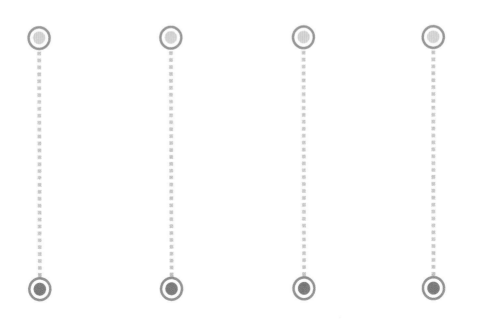

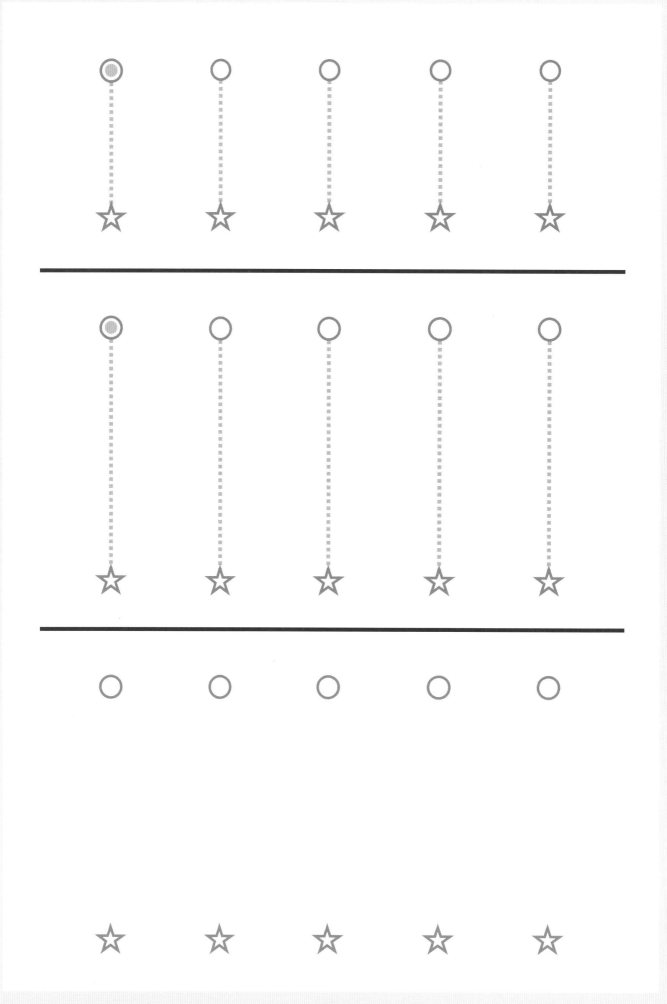

線が長くなります。
手首をあげず、手前に腕を引く
練習をしましょう。手首が浮くと
上手に書けません。

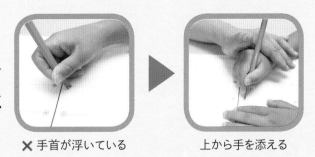

✕ 手首が浮いている　　上から手を添える

せんを かきましょう。

がつ　　にち

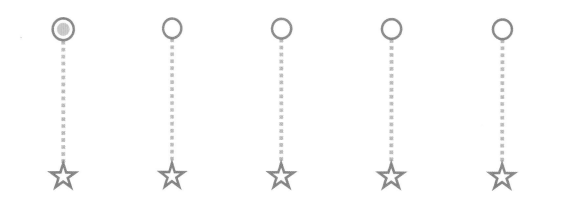

● で いちど とまりましょう。

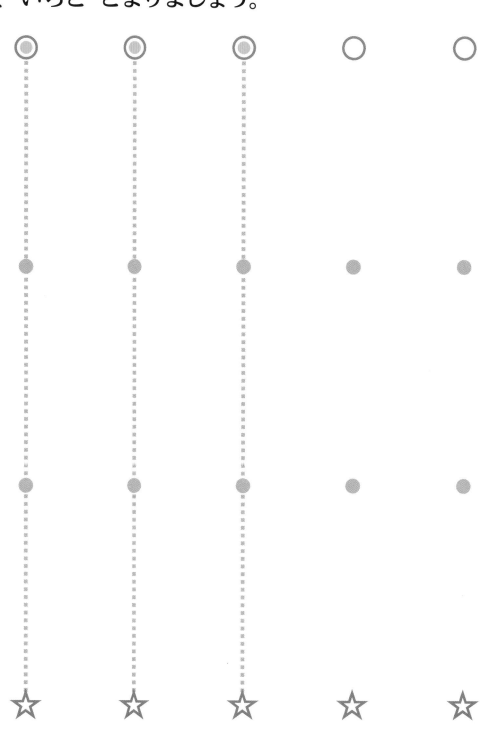

鉛筆を持つ手が、点や線を
隠してしまわないように。
鉛筆は普通の太さで十分です。
長すぎたら半分に切って。

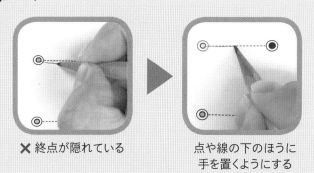

✕ 終点が隠れている

点や線の下のほうに
手を置くようにする

せんを かきましょう。

がつ　　にち

【学習の始めと終わりに挨拶を】

はじめます

はい

線を引いているあいだ、
終点まで視線がそれないように。
背すじや左手の添え方にも
目を配りましょう。

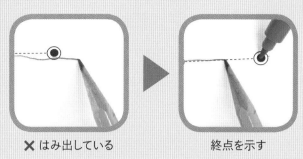

✕ はみ出している　　　　終点を示す

せんを かきましょう。

がつ　　にち

17

よこの線 …2

18

いまは筆圧が弱くても心配はいりません。

ゆっくり丁寧に書くことを優先しましょう。

鉛筆の持ち方や筆記の姿勢は、とても大切です。

最初から正しい持ち方・姿勢を繰り返し丁寧に教えましょう。

せんを かきましょう。

がつ　にち

● で いちど とまりましょう。

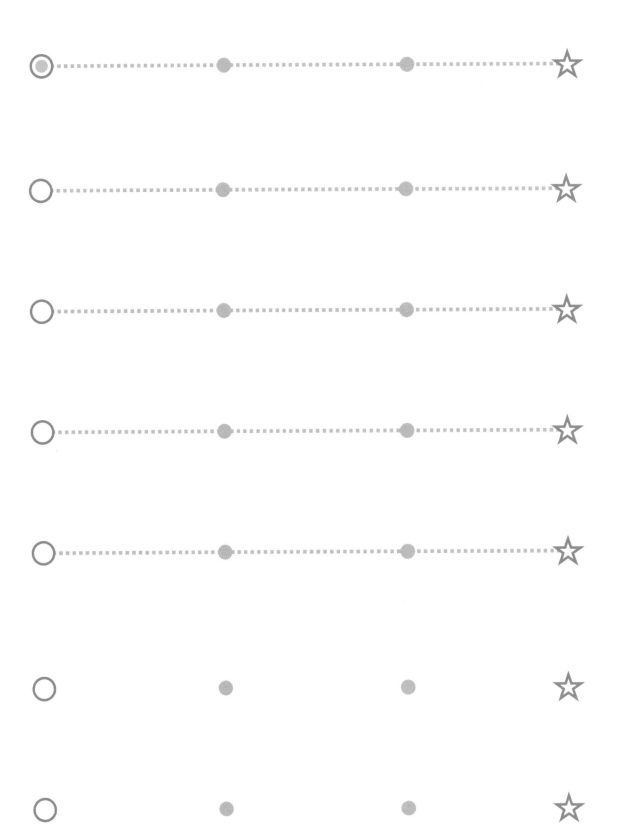

書く前に、始点から終点への向きを
確かめさせましょう。
書く前に指でなぞるやり方も効果的です。

せんを かきましょう。

がつ　　にち

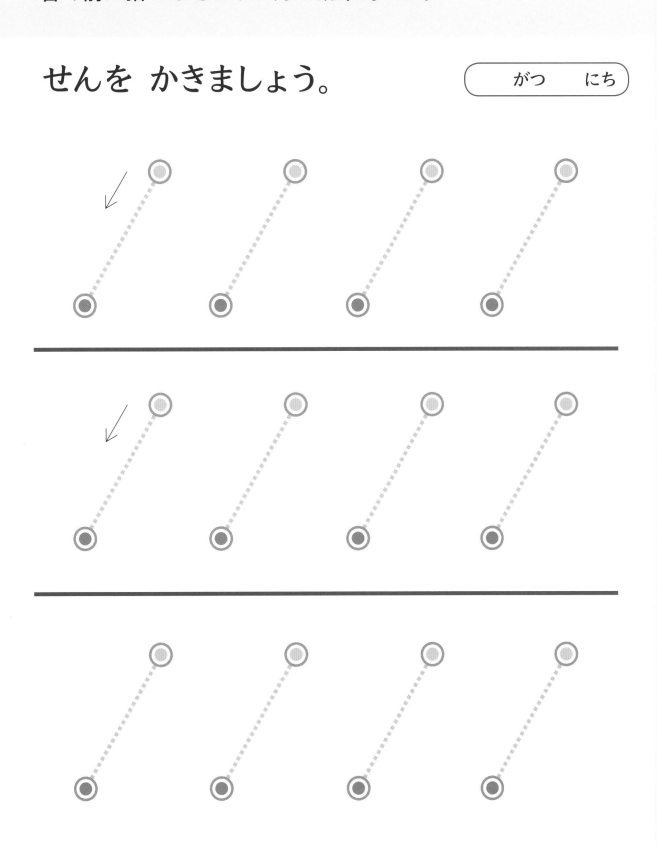

21

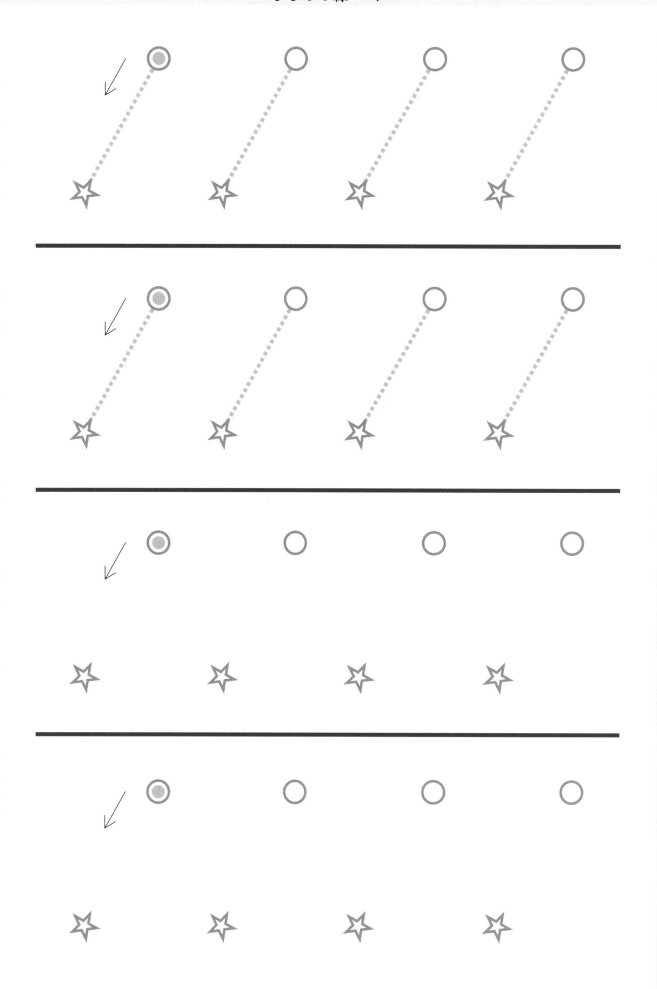

手首やひじを
浮かせないで書きましょう。
鉛筆の向きは
だいじょうぶですか?

✕ 手首やひじが
　 浮いている

手を添える

せんを かきましょう。

がつ　　にち

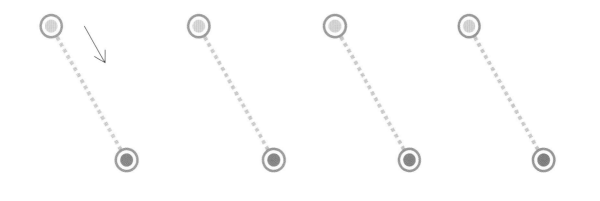

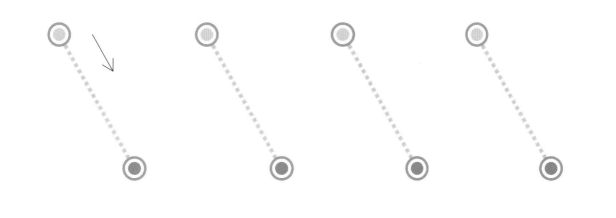

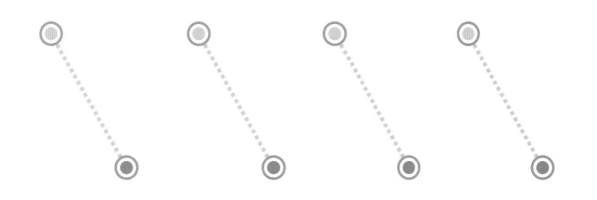

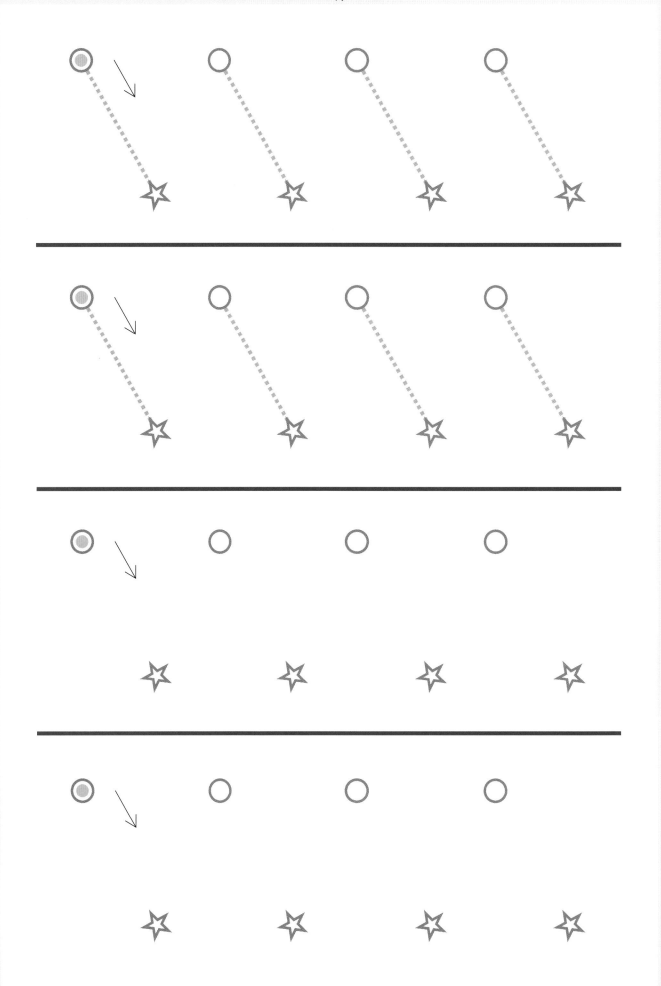

視線の動かし方が下から上へと
変わります。終点の位置が
上のほうにあることを
確かめさせてあげましょう。

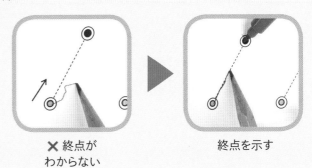

✕ 終点が
わからない

終点を示す

せんを かきましょう。

がつ　　にち

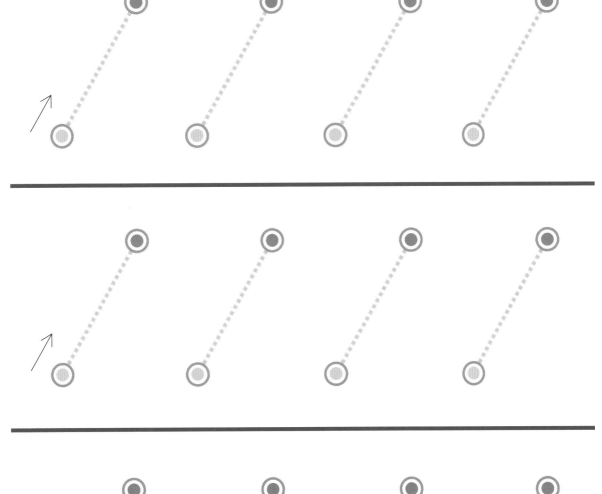

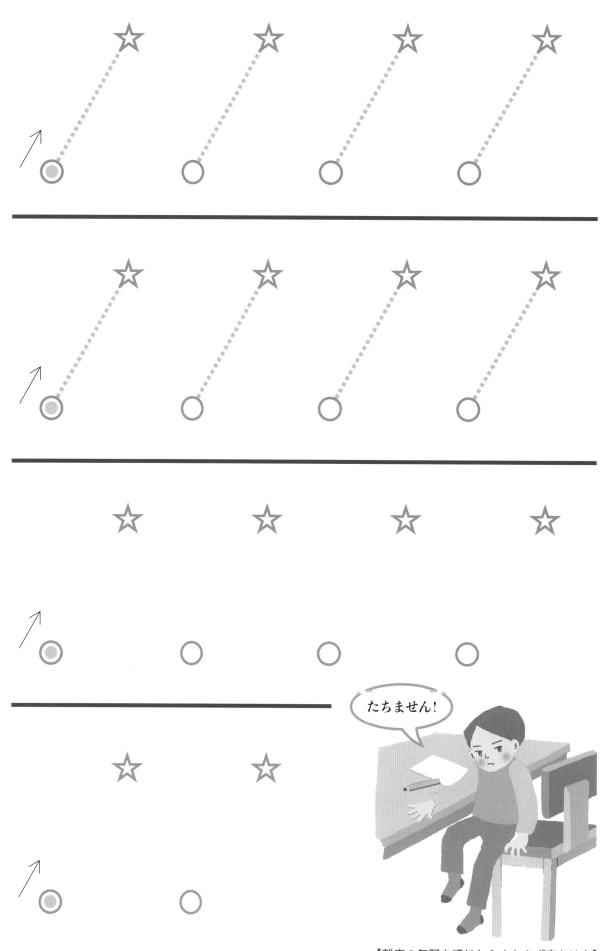

たちません!

【離席の気配を感じたらすかさず声かけを】

角をつくる練習です。
●で必ず鉛筆を止めましょう。
「なんとなく」ではなく、
しっかりと止めましょう。

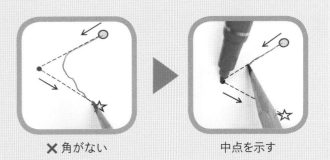

✕ 角がない　　　中点を示す

せんを かきましょう。

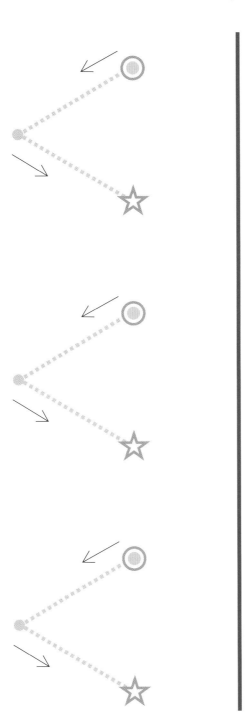

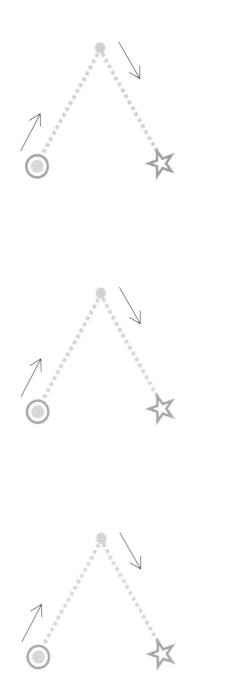

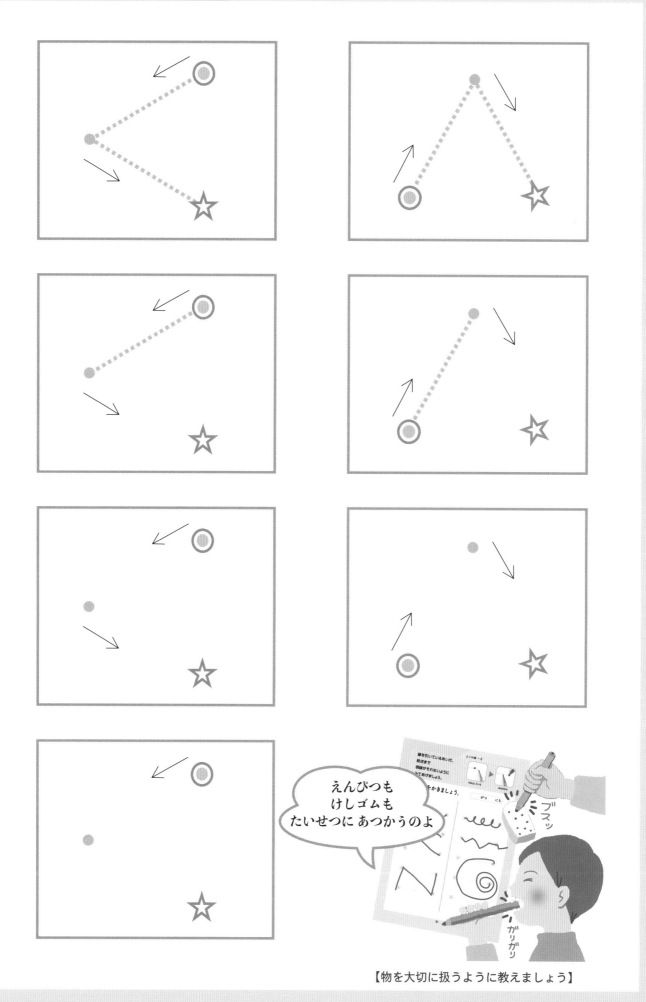

えんぴつも
けしゴムも
たいせつに あつかうのよ

【物を大切に扱うように教えましょう】

○は始点に戻ります。
△や□は●で止まり、
角をきれいにつくりましょう。

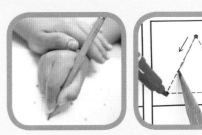

手を添えたり、点を示して
あげましょう

せんを かきましょう。

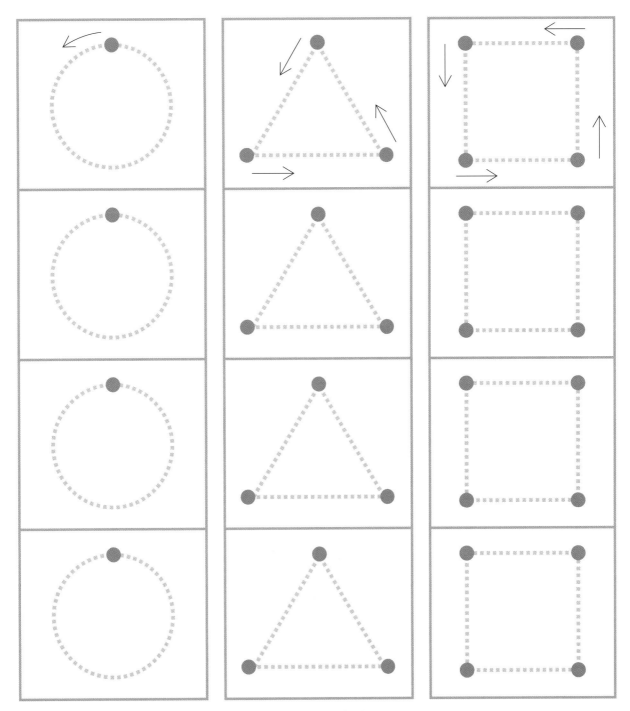

※ ○・△・□の始点の位置は、変えてもかまいません。

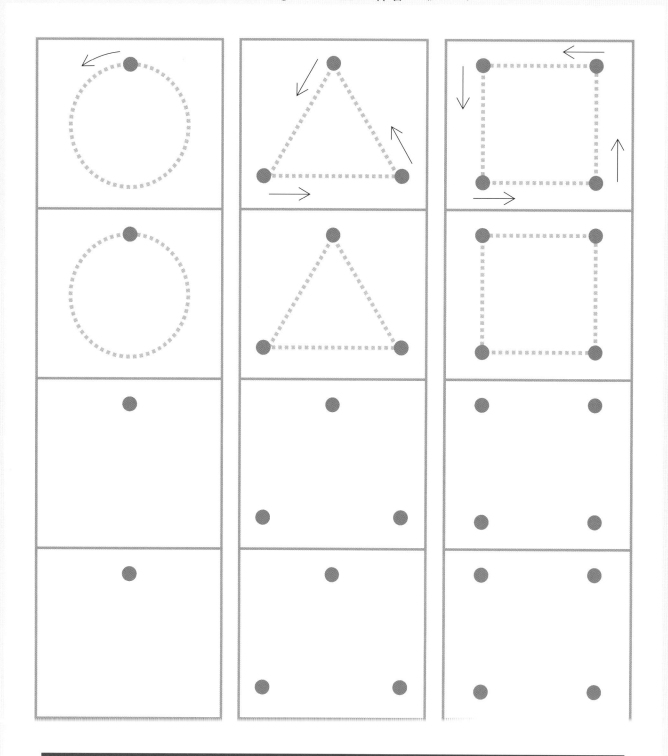

しろいところが みえなくなるまで ぬりつぶしましょう
（筆圧をつける練習です）

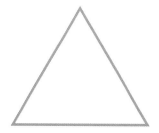

マスに合わせた大きさで
書きましょう。あらかじめ、
自分で点をつけるようにすると
書きやすいです。

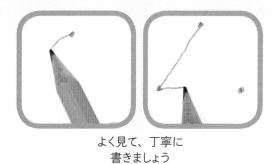

よく見て、丁寧に
書きましょう

せんを かきましょう。

がつ　　にち

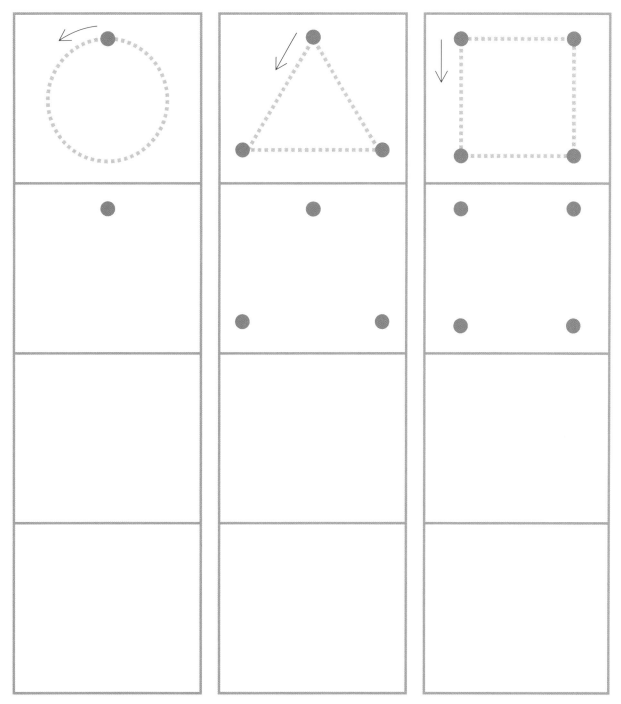

※ ○・△・□の始点の位置は、変えてもかまいません。

31

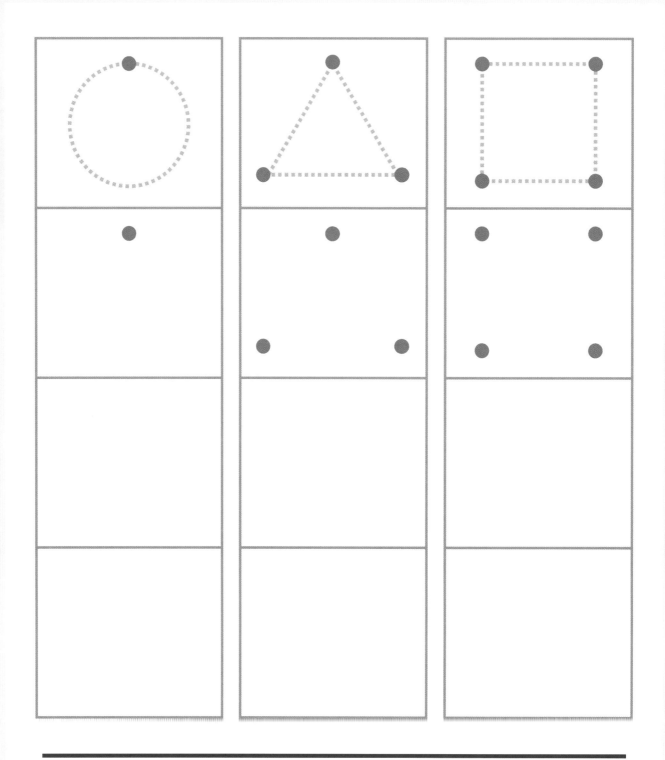

かたちを くみあわせて かいてみましょう（たとえば）

真ん中にまっすぐな線を
書くように促しましょう。
始点の位置に印をつけて
あげましょう。

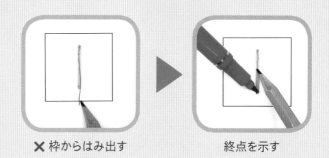

✕ 枠からはみ出す   終点を示す

1を かきましょう。

がつ　にち

数字が読めないときは、
「いち」と読んでから
書きましょう。

いち

いっしょに
読みましょう

１を かきましょう。

がつ　　にち

マスにあった1をかきます。
「ゆっくり、まっすぐ、終点」と声をかけながら、
書くようにしましょう。

1を かきましょう。

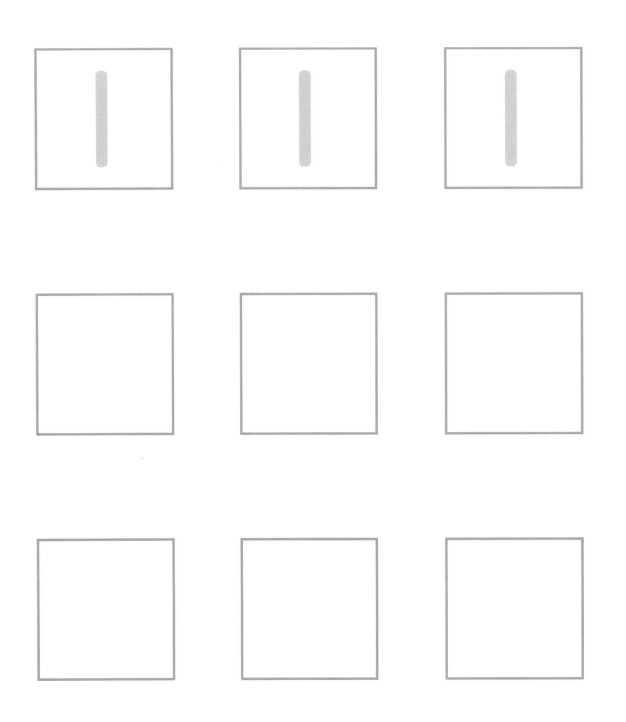

いくつかな？ ゆびをさしながら、かぞえてみましょう。

始点から
線の向きに
気をつけましょう。

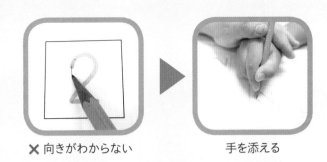

✗向きがわからない　　　手を添える

2を かきましょう。

がつ　にち

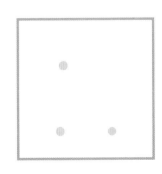

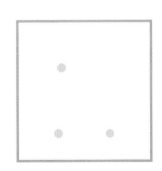

しません！

グシャ グシャ

【子どもの目を見て「しません」と伝え、
さいごは「できました」で終わりに】

× 点で止まれない　　　点を示す

● でいったん止めて
角をつくりましょう。

2を かきましょう。

がつ　　にち

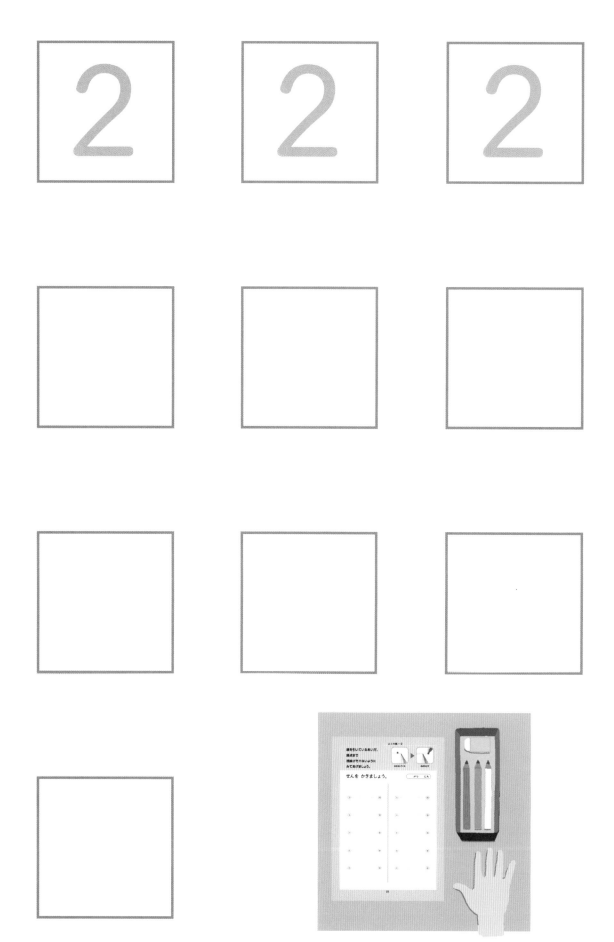

【学習の準備や片付けができるように】

始点から
線の向きに
気をつけましょう。

✕ 向きが
わからない

手を添える

3を かきましょう。

がつ　　にち

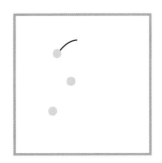

41

3　3　3

3　3　3

3　3　3

●で止まり、
真ん中に丸を
つくらないように
しましょう。

✖ 丸を書いてしまう　　手を添え、
　　　　　　　　　　　ゆっくり書く

3を かきましょう。

(がつ　　にち)

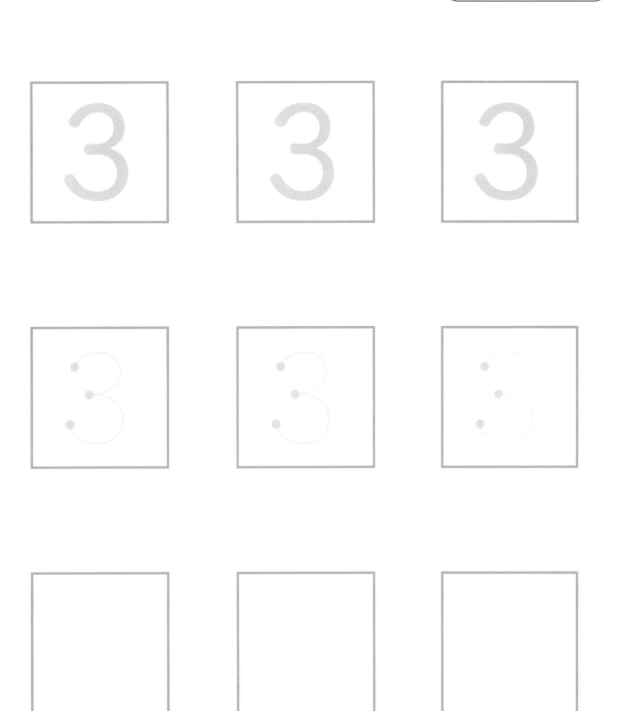

43

3	3	3
3	3	3
・	・	・
・	・	・

数字 3 … 2

マスの大きさに合わせて、
数字を書きましょう。
ゆっくり丁寧に書くことがとても大事です。

3まで つづけて かきましょう。

がつ　　にち

1	2	3
・	・	・

45

声に出してかぞえながら、数字を書きましょう。
最後に書いた数字が「こたえ」です。

いくつ ありますか? すうじで かきましょう。

がつ　　にち

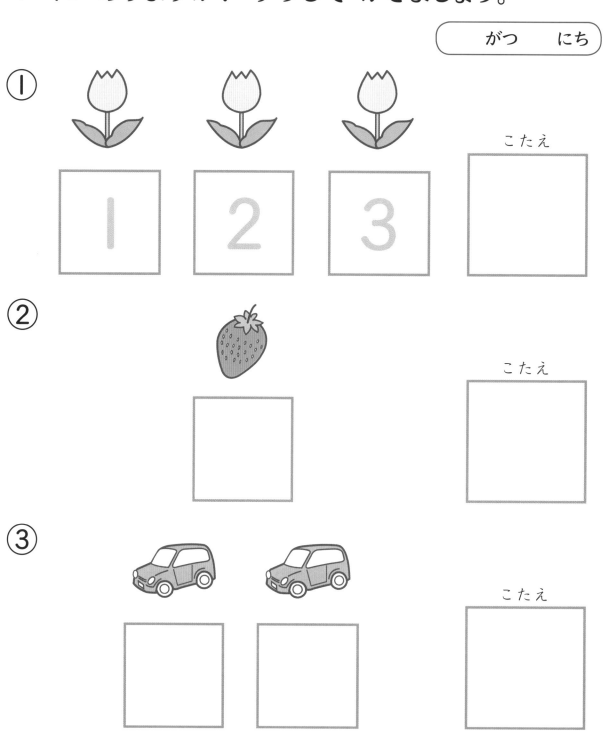

① 🌷🌷🌷　　1　2　3　こたえ

② 🍓　　こたえ

③ 🚗🚗　　こたえ

46

角でいったん止めましょう。
形が整います。

✗ 角で止められない　　角を示す

4を かきましょう。

「4」は、「し」と「よん」両方の読み方を教えましょう。
「し」の発音ができない時は「よん」をしばらく使います。

いち　に　さん　し　ご
1　2　3　4　5

ご　よん　さん　に　いち
5　4　3　2　1

はんたいの てを
そえて

できた

【両手を使って消しましょう】

48

2画目は
始点につけないように
しましょう。

✗ 線がくっついて
いる

教科書に沿った
書き方

4を かきましょう。

数字 4 … 2

ひとりで書けましたか？
書けなかった数字は、復習しましょう。

4まで つづけて かきましょう。　　がつ　　にち

1	2	3	4

いくつ ありますか？ すうじで かきましょう。

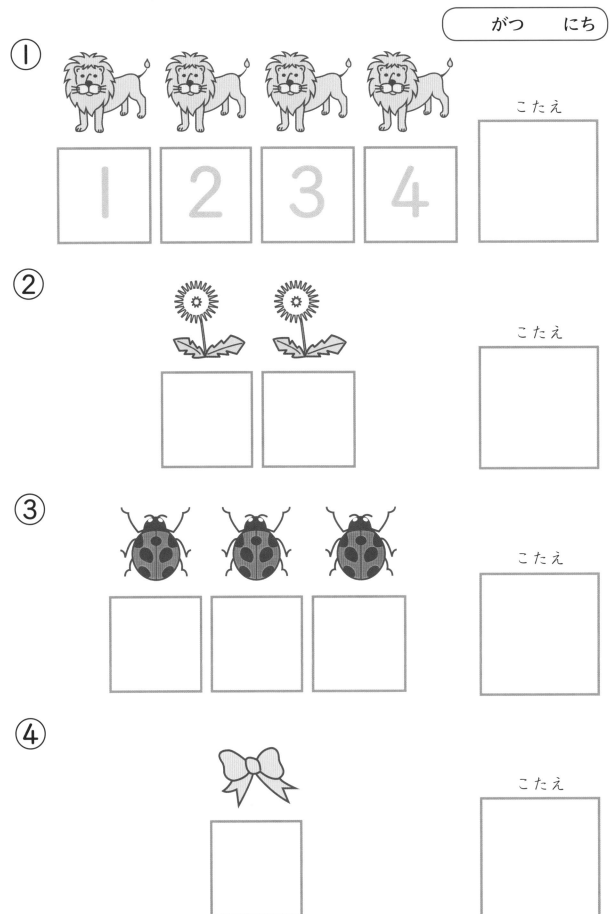

①　こたえ

| 1 | 2 | 3 | 4 |

②　こたえ

③　こたえ

④　こたえ

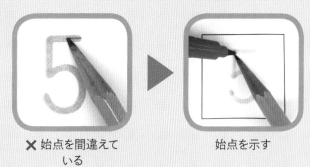

× 始点を間違えて
いる

始点を示す

筆順に気をつけましょう。

5を かきましょう。

がつ　　にち

[5 practice boxes]

5　5　5

5　5　5

ケースに
いれるんだね

けしゴムの かすを
はらい おとさないで ね

2画目は
左から右へ書きます。

× 始点を間違えて
いる

始点を示す

5を かきましょう。

5 5 5

5 5 5

ひとりで書けましたか？

書けなかった数字は、復習しましょう。

5まで つづけて かきましょう。　がつ　にち

1	2	3	4	5

		数字１〜５		

いくつ ありますか？ すうじで かきましょう。

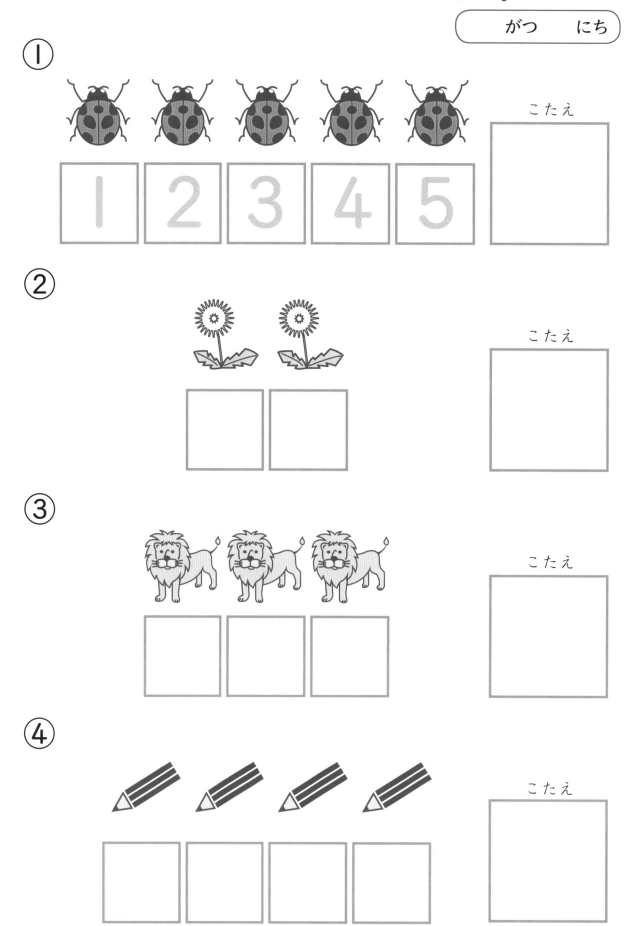

① こたえ

1 2 3 4 5

② こたえ

③ こたえ

④ こたえ

確認テスト①

線

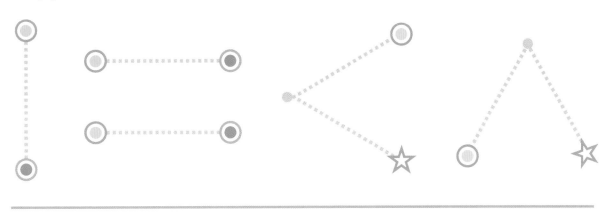

数字 1～5

数かぞえ

▶ いまの様子を確かめてみましょう

☐ 鉛筆を正しく持っている	☐ ゆっくり丁寧に書けている
☐ 正しい姿勢を保てている	☐ 始点と終点をあわせている
☐ 視線をあわせて聞いている	☐ 枠からはみでていない
☐ 挨拶・返事ができている	◎ よくできた ○ もう少し △ もっと練習

記念のページ1

写真を貼ったり、子どもに絵を描かせたり、ご家族のみなさんの感想・エールを書いたり、
このページは自由にお使いください。

5まで がんばったね。
6からも がんばって！

がつ　　にち

始点の位置に注意して
端に寄りすぎないように
しましょう。

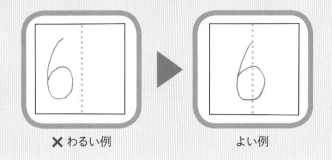

✕ わるい例　　　　よい例

6を かきましょう。

 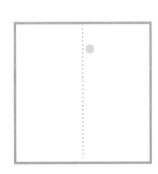 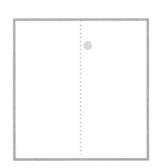

あなたは さっき おこっていた けれど……

【時には向き合って話したら、どうでしょう】

6を かきましょう。

指差ししてかぞえてから、「こたえ」を書きましょう。

難しければ、絵の下に数字を書いてもよいです。

いくつ ありますか？ すうじで かきましょう。

がつ　にち

①

こたえ

②

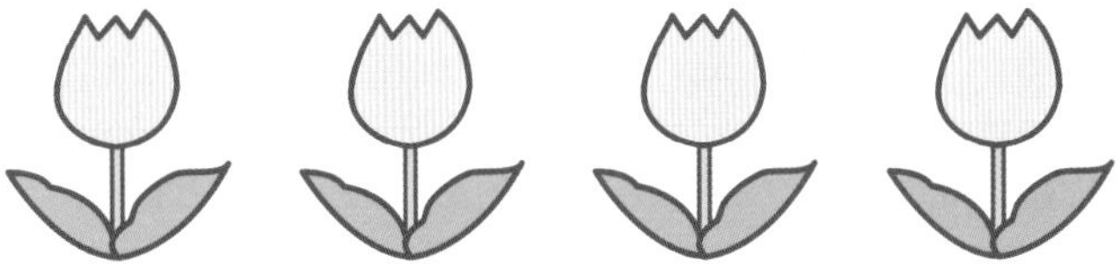

こたえ

③

こたえ

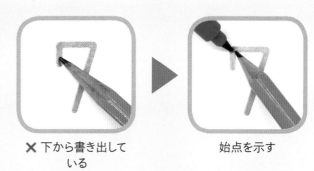

✕ 下から書き出して
いる

始点を示す

始点の位置に
気をつけましょう。

7を かきましょう。

「７」の読み方は、「しち」と「なな」の両方を教えましょう。

ろく　しち　はち　きゅう　じゅう
6　7　8　9　10

じゅう　きゅう　はち　なな　ろく
10　9　8　7　6

7を かきましょう。

いくつ ありますか? すうじで かきましょう。

①

こたえ

②

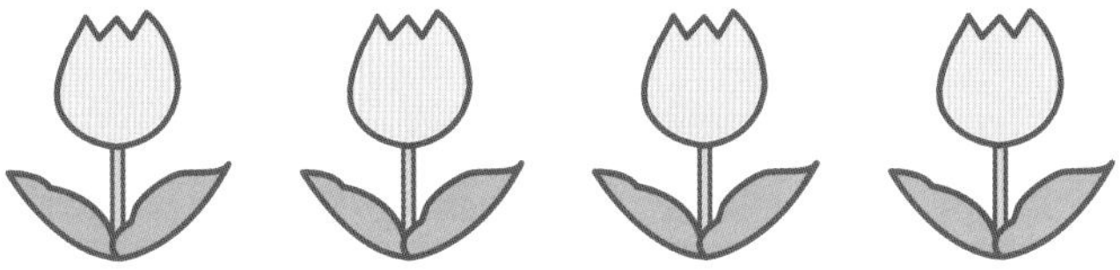

こたえ

③

こたえ

④

こたえ

始点の位置に
気をつけましょう。

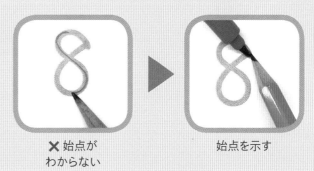

✕始点が
わからない

始点を示す

8を かきましょう。

 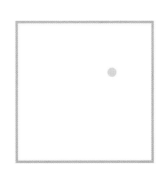 

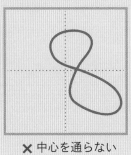

✕ 中心を通らない　　　✕ 終点が合わない　　　✕ 始点が違う

8を かきましょう。

がつ　　にち

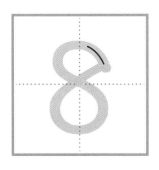
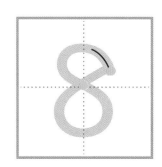
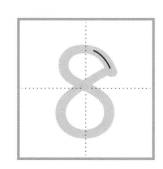

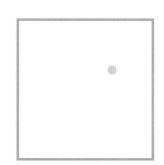

8を かきましょう。

いくつ ありますか? すうじで かきましょう。

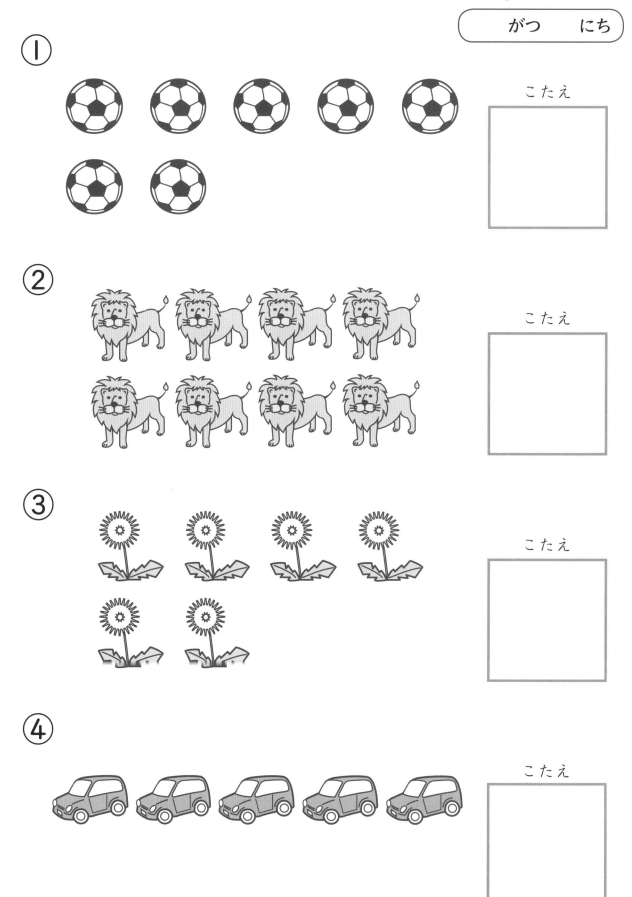

① こたえ

② こたえ

③ こたえ

④ こたえ

始点の位置と筆順に
気をつけましょう。

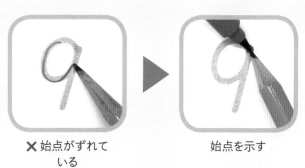

✕ 始点がずれて
いる

始点を示す

9を かきましょう。

がつ　にち

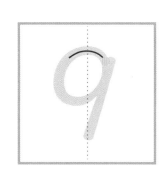

9を かきましょう。

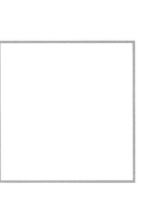 

【努力したことをほめてあげましょう】

9を かきましょう。

がつ　　にち

数字 9 … 2

いくつ ありますか？ かずを かきましょう。

①

こたえ

②

こたえ

③

こたえ

④

こたえ

始点と終点が合うように
書きましょう。

✕ 点からずれて
いる

点を示す

10を かきましょう。

がつ　　にち

 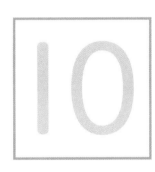 

10を かきましょう。

10　10　10

ひとりで書けましたか？

書けなかった数字を練習しましょう。

すこしずつ早く書けるようにしていきましょう。

6から 10まで つづけて かきましょう。 〔 がつ　　にち 〕

6	7	8	9	10

6から 10まで つづけて かきましょう。

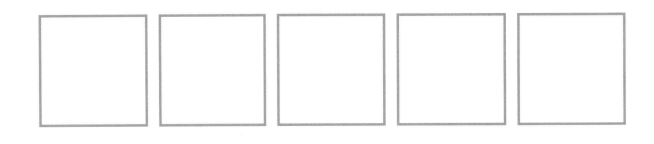

6	7	8	9	10

6	7	8	9	10

数字 6〜10

はみ出さないように書きましょう。

書けなかった数字はありませんか？

1〜10を書く時間を計って記録してみましょう。

スムーズに書けるように練習していきましょう。

10まで つづけて かきましょう。 がつ　にち

1	2	3	4	5
6	7	8	9	10

10まで つづけて かきましょう。

1	2	3	4	5
6	7	8	9	10

1				

いくつ ありますか？ かずを かきましょう。

がつ　　にち

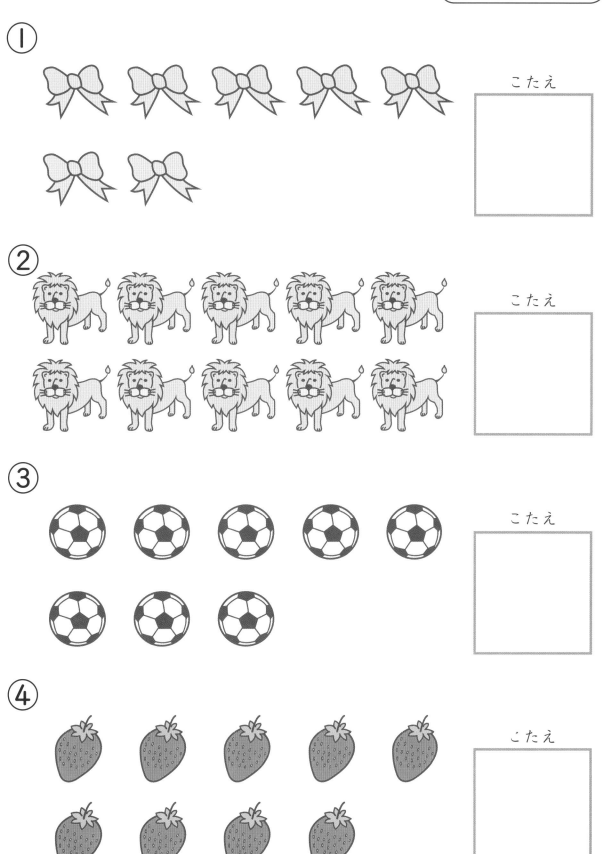

① こたえ

② こたえ

③ こたえ

④ こたえ

83

いくつ ありますか？ かずを かきましょう。

① こたえ

② こたえ

③ こたえ

④ こたえ

84

確認テスト②

数字　1〜10

数かぞえ

85

記念のページ2

写真を貼ったり、子どもに絵を描かせたり、ご家族のみなさんの感想・エールを書いたり、
このページは自由にお使いください。

1〜10まで
かけるように なりましたね。
がんばりました。

がつ　　にち

つぎの かずを かきましょう。

① 7 → ☐

② 5 → ☐

③ 2 → ☐

④ 10 → ☐

⑤ 4 → ☐

⑥ 6 → ☐

⑦ 3 → ☐

⑧ 8 → ☐

⑨ 1 → ☐

⑩ 9 → ☐

つぎの かずを かきましょう。

がつ　　にち

① 9 → ☐

② 2 → ☐

③ 10 → ☐

④ 6 → ☐

⑤ 5 → ☐

⑥ 3 → ☐

⑦ 8 → ☐

⑧ 4 → ☐

⑨ 7 → ☐

⑩ 1 → ☐

たしざんを しましょう。

書いたら式を読みましょう。たす１は次のかずです。

① $6 + 1 = \boxed{}$

② $5 + 1 = \boxed{}$

③ $1 + 1 = \boxed{}$

④ $3 + 1 = \boxed{}$

⑤ $2 + 1 = \boxed{}$

⑥ $8 + 1 = \boxed{}$

⑦ $4 + 1 = \boxed{}$

⑧ $7 + 1 = \boxed{}$

⑨ $9 + 1 = \boxed{}$

⑩ $10 + 1 = \boxed{}$

たしざんを しましょう。

すばやくこたえがでるように練習しましょう。

① $7 + 1 = \boxed{}$

② $2 + 1 = \boxed{}$

③ $5 + 1 = \boxed{}$

④ $3 + 1 = \boxed{}$

⑤ $1 + 1 = \boxed{}$

⑥ $9 + 1 = \boxed{}$

⑦ $4 + 1 = \boxed{}$

⑧ $10 + 1 = \boxed{}$

⑨ $8 + 1 = \boxed{}$

⑩ $6 + 1 = \boxed{}$

［力をひきだす、学びかたドリル］

全4巻は次の内容で刊行予定です。

❶「書く」からはじめる　せん、すうじ・かず

❷「書く」からはじめる　10 までのたしざん・ひきざん

❸「書く」からはじめる　くりあがり・くりさがり

❹「書く」からはじめる　たしざん・ひきざん、時計

監修　河野 俊一（こうの しゅんいち）エルベテーク代表

1996 年、民間の教育機関エルベテーク設立。発達の遅れと課題をもつ子どものためのコースも開設し、現在に至る（埼玉／大阪／アメリカ）。著書に『発達障害の「教える難しさ」を乗り越える』『自閉症児の学ぶ力をひきだす』（いずれも日本評論社）、『誤解だらけの「発達障害」』『子どもの困った！行動がみるみる直るゴールデンルール』（いずれも新潮社）など。2017 年 11 月〜 2018 年 1 月、『教育新聞』（教育新聞社）にコラム（10 回）を連載。講演会、研修会での講師多数。

制　　作　特定非営利活動法人 教育を軸に子どもの成長を考えるフォーラム
　　　　　さいたま市の特定非営利活動法人（2017 年設立）。
　　　　　「子どもの教育と医療」を主なテーマとして活動中。

企画・編集　知覧 俊郎
編 集 協 力　矢吹 純子　向川 裕美
イ ラ ス ト　中西 やす子
デザイン・DTP　堀 博

［力をひきだす、学びかたドリル］❶「書く」からはじめる　せん、すうじ・かず

2021 年 12 月 10 日　第 1 版第 1 刷発行

監修　河野 俊一
発行　特定非営利活動法人 教育を軸に子どもの成長を考えるフォーラム
　　　Japanese Association for Education-centered Childhood Development
　　　〒 336-0026　埼玉県さいたま市南区辻 5 - 6 -12 - 408
　　　電話 / ファックス 048-837-6926
　　　e メール info@education-in-ourselves.org
　　　https://www.education-in-ourselves.org
印刷・製本　（株）シナノパブリッシングプレス

ISBN978-4-9911859-1-5　　C8337